BEI GRIN MACHT SICH IHR WISSEN BEZAHLT

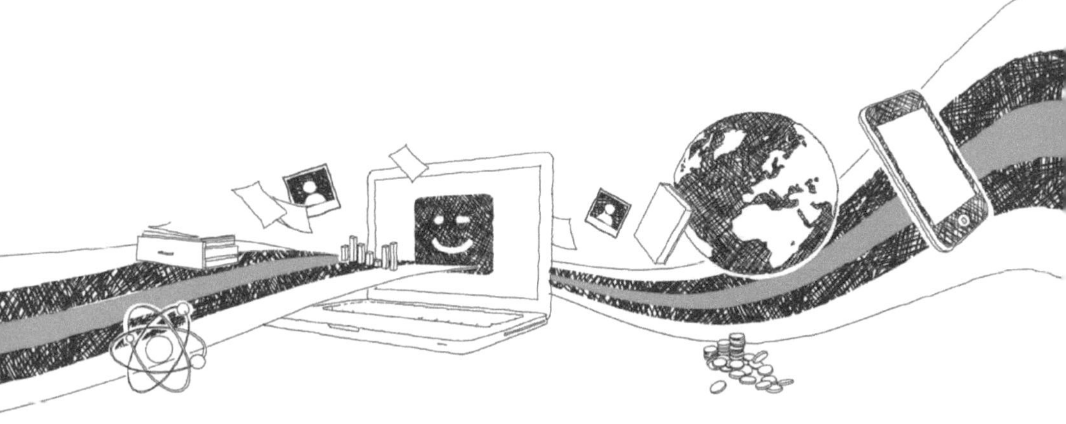

- Wir veröffentlichen Ihre Hausarbeit, Bachelor- und Masterarbeit

- Ihr eigenes eBook und Buch - weltweit in allen wichtigen Shops

- Verdienen Sie an jedem Verkauf

Jetzt bei www.GRIN.com hochladen und kostenlos publizieren

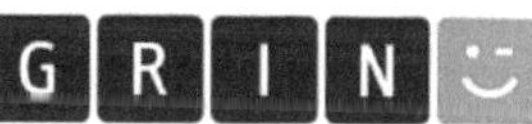

Ernst Probst

Ginger Rogers - Der steppende Hollywood-Star

GRIN Verlag

Bibliografische Information der Deutschen Nationalbibliothek:

Die Deutsche Bibliothek verzeichnet diese Publikation in der Deutschen National-
bibliografie; detaillierte bibliografische Daten sind im Internet über http://dnb.d-
nb.de/ abrufbar.

Impressum:

Copyright © 2012 GRIN Verlag, Open Publishing GmbH
Druck und Bindung: Books on Demand GmbH, Norderstedt Germany
ISBN: 978-3-656-23446-3

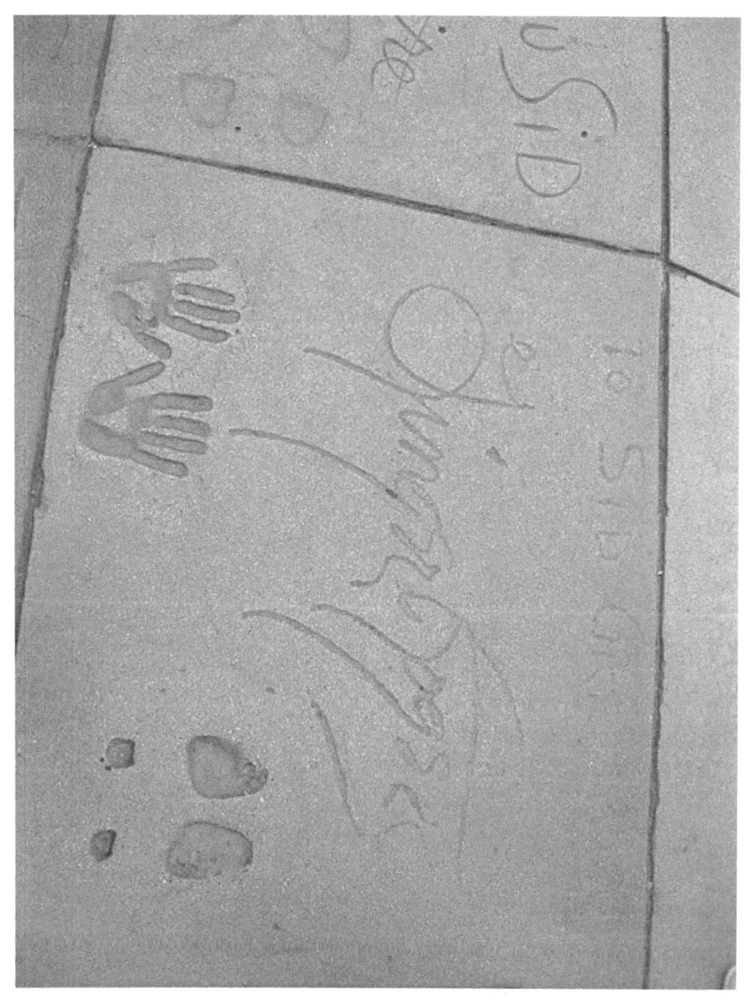

Hand- und Fußabdrücke von Ginger Rogers (1911–1995)
vor dem Kino „Grauman's Chinese Theatre" in Hollywood

Ernst Probst

Ginger Rogers

Der steppende Hollywood-Star

Beate Werner,
Bernd Werner,
Marianne Werner,
Otto Werner,
Sonja Werner,
Dr. Jochen Werner,
Christine Werner und
Steffen Werner
gewidmet

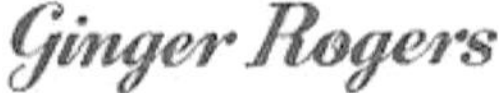

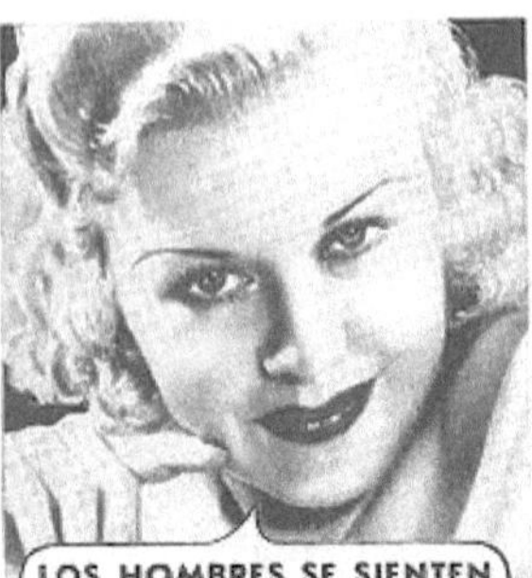

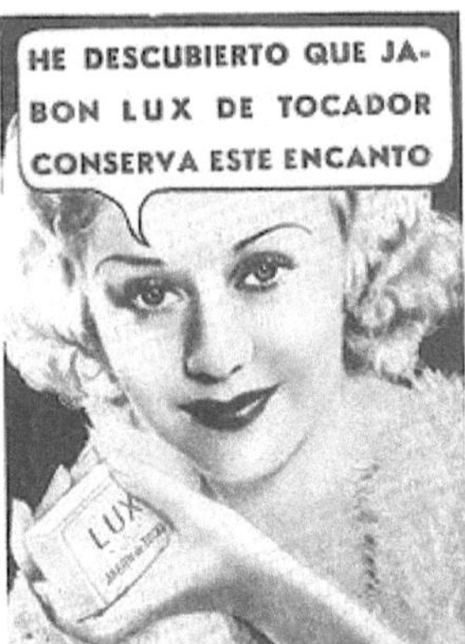

Dé a su cutis este tratamiento tan
sencillo. Es una delicia usar Jabón Lux de
Tocador! Produce de inmediato la más
rica y abundante espuma, aún en el agua
más cruda. Pruébelo y vea por sí misma
cómo Jabón Lux de Tocador aumentará
la belleza de su tez.

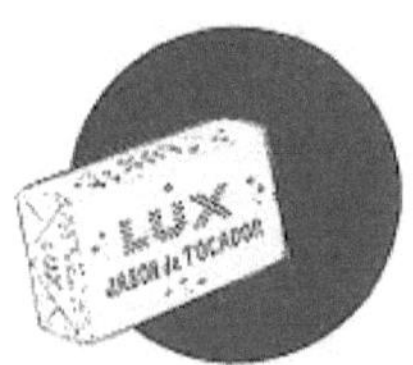

Jabón LUX de Tocador
EL JABON DE LAS BELLEZAS DEL CINE

LEVER HNOS. LTD.   ESMERALDA 70 - BUENOS AIRES   L. T. 119

*Ginger Rogers (1911–1995) in einer Werbung für Seife
im September 1935*

Ginger Rogers

Der steppende Hollywood-Star

Ein legendärer Hollywood-Star war die amerikanische Schauspielerin, Tänzerin und Sängerin Ginger Rogers (1911–1995), eigentlich Virginia Katherine McMath. Ihr Ruhm basiert hauptsächlich auf zehn Musicals, in denen sie zusammen mit dem amerikanischen Schauspieler, Sänger, Tänzer und Choreographen Fred Astaire (1899–1987) auftrat. Die hervorragenden Stepptänzer Rogers und Astaire bildeten eines der bezauberndsten Paare auf der Kinoleinwand.

Virginia Katherine McMath kam am 16. Juli 1911 in Independence (Missouri) zur Welt. Ihre Eltern waren der Elektroingenieur William McMath sowie die Journalistin und Drehbuchautorin Lela Emogene McMath (1891–1977), genannt „Lelee". Ein früheres Baby ist nach einer Zangengeburt gestorben. Die Eltern trennten sich, als Virginia noch klein war, und stritten sich um das Sorgerecht. Der Vater versuchte zweimal, Virginia zu entführen und verlor das Sorgerecht.

Nach der Scheidung zog die Mutter zunächst nach Hollywood (Kalifornien), wo sie Drehbücher für das Filmstudio „Fox" schrieb, später nach New York City. Virginia lebte bei ihren Großeltern, bis ihre Mutter genug verdiente, um sie wieder zu sich zu holen. Ab 1918 arbeitete die Mutter in der Öffentlichkeitsabteilung der Marines und Virginia kam wieder zu ihren Großeltern nach Missouri. Während dieser Zeit lernte die Mutter einen Mann namens John Logan Rogers kennen und lieben.

Nachdem sie die Marines verlassen hatte, heiratete die Mutter im Mai 1920 in Liberty (Missouri) ihren Freund John Logan Rogers. Das Ehepaar zog nach Dallas (Texas) und nahm Virginia bei sich auf. Obwohl Virginia nicht adoptiert wurde, trug diese fortan den Familiennamen Rogers des Stiefvaters. Zu ihrem späteren Vornamen kam sie, weil eine kleine Cousine ihren eigentlichen Vornamen Virginia in „Ginya" abkürzte, woraus „Ginger" entstand.

Ginger Rogers, wie sie nun hieß, trat bereits als Zehnjährige bei lokalen Veranstaltungen als Tänzerin auf. Mit 13 Jahren feierte sie an der „Central High School" in Fort Worth (Texas) in einem von ihrer Mutter verfassten Einakter ihr Debüt als Schauspielerin. 1925 gewann sie mit 14 den Preis als beste Charleston-Tänzerin von Texas und trat in Eddie Foys „Vaudeville-Ensemble" am Theater auf.

Im März 1929 heiratete Ginger Rogers mit 17 Jahren zum erstenmal. Bereits nach einigen Monaten wusste sie, dass sie einen Fehler begangen hatte. Im Laufe ihres Lebens brachte sie es auf insgesamt sechs Ehen. Davon wird noch später die Rede sein.

Das „Tanzorchester Paul Ash" engagierte Ginger Rogers 1929 als Refrainsängerin und Solotänzerin. Durch Tourneen mit dieser Band kam sie an den Broadway in New York City. Dort debütierte sie 1929 mit der zweiten weiblichen Hauptrolle erfolgreich im Musical „Top Speed". 1930 trat sie im Musical „Girl Crazy" der Brüder George Gershwin (1898–1937) und Ira Gershwin (1896–1893) auf.

Das Filmstudio „Paramount" wurde auf Ginger Rogers durch deren Erfolg mit der weiblichen Hauptrolle in dem Musical „Girl Crazy" aufmerksam und gab ihr einen Vertrag. Erste Erfahrungen beim Film machte sie 1929 mit Kurzauftritten in „A Day of a Man of Affairs", „A Night in a Dormitory" und „Campus Sweetharts".

Eine erste größere Rolle erhielt Ginger Rogers in dem Film „Young Man of Manhattan" (1930). Darin spielte sie an der Seite der französischen Schauspielerin Claudette Colbert (1905–1996), die in den 1930-er und 1940-er Jahren das Kinopublikum als „Komödienkönigin" begeisterte.

Mit Hilfe von Ginger Rogers konnte auch deren Cousine Helen Nichols (1916–2006) in Hollwood Fuß fassen. Diese trat zunächst unter dem Künstlernamen Phyllis Fraser und nach ihrer Heirat als Phyllis Cerf auf. In der Filmdatenbank „Internet Movie Database" („IMDb") werden von 1931 bis 1942 insgesamt 23 Filme von Phyillis erwähnt.

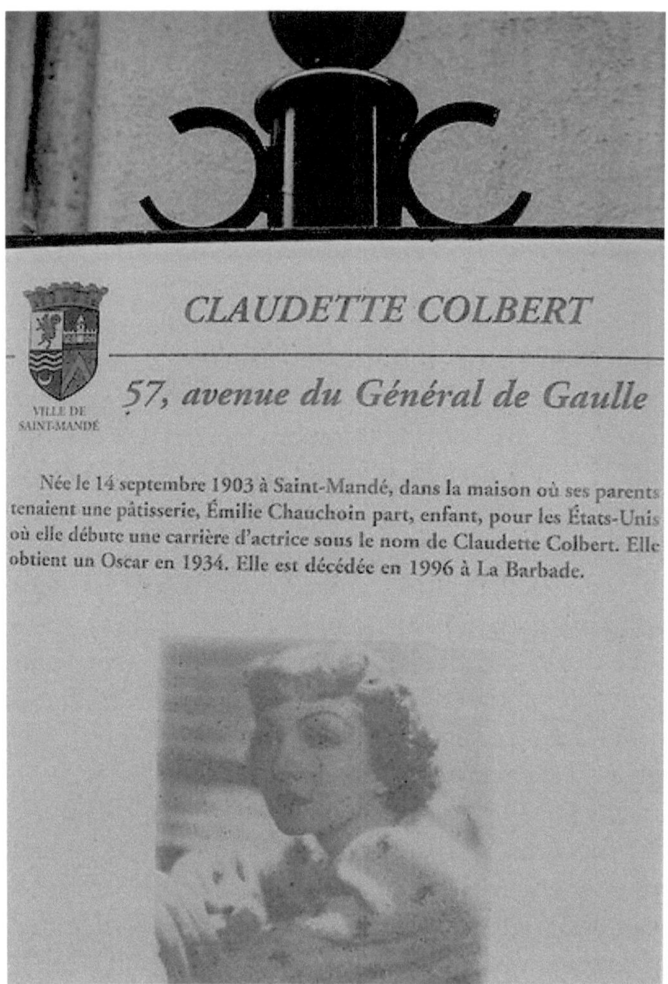

Gedenktafel im Geburtsort von Claudette Colbert (1903–1996)

Wegen ihres Talents als Sängerin und Tänzerin kam Ginger Rogers vor allem in Musikfilmen zum Einsatz. Zum Beispiel in „42nd Street" („Die 42. Straße", 1932) und „Gold Diggers of 1933" („Goldgräber von 1933", 1933). Das waren keine großen Rollen, aber wegen der Schönheit und der Stimme von Ginger hatte das Kinopublikum bei ihr Lust auf mehr. Vor allem ihr Song „We're in the Money" in „Gold Diggers of 1933" machte Ginger populär.

Zusammen mit Dick Powell (1904–1963) und Pat O'Brien (1899–1983) sah man Ginger Rogers in „Twenty Million Sweethearts" (1934). Auf den Filmplakaten wurde ihr Name nach den männlichen Hauptdarstellern als dritter erwähnt.

Den großen Durchbruch auf der Kinoleinwand schaffte das hoffnungsvolle Nachwuchstalent Ginger Rogers erst, als das Filmstudio „RKO" sie neben der mexikanischen Hauptdarstellerin Dolores del Rio (1905–1983) für die Musikkomödie „Carioca" („Flying Down to Rio", 1933) engagierte. In diesem Streifen tanzte die 1,64 Meter große und athletisch gebaute Ginger Rogers zusammen mit dem zierlichen Fred Astaire. Der bereits berühmte Filmtänzer Astaire hatte gerade seine Schwester durch Heirat als ständige Tanzpartnerin verloren und Ginger Rogers kennen gelernt, als er mit ihr für „Girl Crazy" einige Tanznummern einstudierte. Dank des finanziell sehr erfolgreichen Films „The Gay Divorcee" („Scheidung auf amerikanisch", 1934) avan-

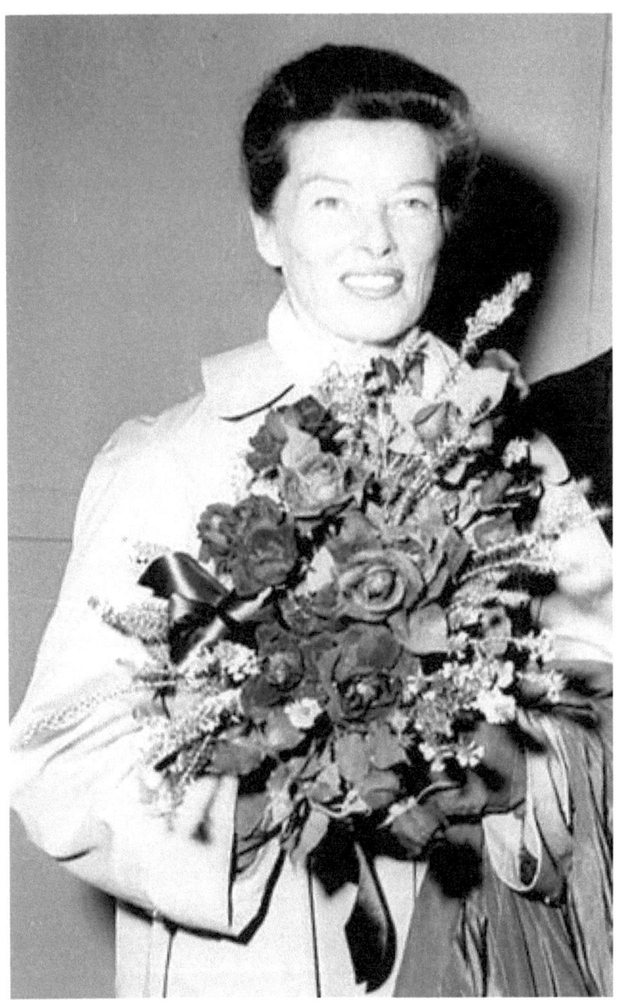

Katharine Hepburn (1907–1995)

cierten Fred Astaire und Ginger Rogers zum Traumpaar auf der Kinoleinwand. „Er gab ihr Klasse, sie gab ihm Sex", erklärte die Schauspielerin Katharine Hepburn (1907–1995) einmal über die Beiden. Die ungeheure Leichtigkeit, mit der Ginger durchs Bild zu fegen schien, täuschte. „Ich habe gearbeitet, bis meine Füße bluteten", verriet sie einmal. Mit seinen elegant fließenden Tänzen begeisterte dieses klassische Hollywood-Tanzpaar in vielen Filmen zwischen 1933 und 1937 die Kinozuschauer/innen und Kritiker. Neben „Flying Down to Rio" sah man sie mit Astaire in „Tanz mit mir" (1934), „Roberta" (1935), „Top Hat" („Ich tanz mich in dein Herz hinein", 1935), „Follow the Fleet" („Marine gegen Liebeskummer", 1936) und „Swing Time" („Walzer aus Amerika", 1936) und „Shall We Dance" (1937) . Ginger und Fred lagen 1936 bereits auf Platz 3 der kassenträchtigsten Schauspieler in den USA. 1938 verdiente sie 219.500 US-Dollar.

Kritiker waren voll des Lobes über Gingers Rogers. Als künstlerischer Höhepunkt in der Zusammenarbeit von Fred Astaire und Ginger Rogers gilt „Top Hat", nach Ansicht von Kennern eines der besten Musicals der 1930-er Jahre. Darüber heißt es: „Diese Verwechslungskomödie sprüht nur so von witzigen Dialogen und enthält viele elegante Tanz- und Gesangsnummern, darunter den Ohrwurm ‚Cheek to Cheek'". Der berühmte Komponist Irving Berlin (1888–1989) hatte zahlreiche Evergreens wie die Titelmelodie „Top Hat

White Tie and Tails" und „Isn't This a Lovely Day" für diesen Film geschrieben.

„Top Hat" erzählt folgende Geschichte: Der amerikanische Musical-Star Jerry Travers (dargestellt von Fred Astaire) kommt nach London, um in der neuen Revue von Horace Harwick mitzuwirken. Dabei verliebt er sich in die schöne Dale Tremont (gespielt von Ginger Rogers). Dale glaubt irrtümlich, Jerry sei der Ehemann ihrer besten Freundin Magde, der Frau des Revue-Chefs. Jerry tut alles, um diese Verwechslung aufzuklären und so sein Glück zu retten ...

Zum letzten Mal für lange Zeit zusammen mit Fred Astaire sah man Ginger Rogers in dem Film „Shall We Dance" („Tanz mit mir!", 1937). Danach wollte Ginger nicht mehr nur Tänzerin sein, sondern auch Schauspielerin werden, weshalb sich das Hollywood-Tanzpaar trennte.

Dank ihres Talents für leichte Komödien wurde Ginger Rogers rasch einer der größten Stars des Filmstudios „RKO". Ausgezeichnete Kritiken bekam sie, als sie zusammen mit Katharine Hepburn in dem Streifen „Stage Door" („Bühneneingang", 1937) auf der Kinoleinwand zu sehen war. Einen ihrer größten Erfolge feierte sie in dem Film „Bachelor Mother" („Die Findelmutter", 1939).

Seit den späten 1930-er Jahren war Ginger Rogers sehr gut mit der neun Jahre jüngeren irisch-amerikanischen Filmschauspielerin und Sängerein Maureen O'Hara (geboren 1920) befreundet. Die rothaarige O'Hara verkörperte auf der Kinoleinwand oft eine leidenschaftliche Heldin mit integrer Gesinnung und arbeitete häufig mit dem Regisseur John Ford (1894–1973) sowie mit ihrem langjährigen Freund John Wayne (1907–1979) zusammen.

Komödien waren die Stärke von Ginger Rogers. Sie wurde aber auch mit dramatischen Rollen berühmt. Lob und Anerkennung erntete sie mit ihrer Darstellung einer Frau mit dubiosem Hintergrund in dem Melodrama „Primrose Path" (1940). Für den Film „Kitty Foyle: The Natural History of a Woman" („Fräulein Kitty", 1940), in dem sie eine geldgierige Verkäuferin darstellte, erhielt sie einen „Oscar" als beste Hauptdarstellerin. In „Tom, Dick und Harry" (1941) mimte sie eine Frau, die die Qual der Wahl hat, unter drei Männern einen Ehemann auszusuchen.

1942 galt Ginger Rogers als bestbezahlter Filmstar in Hollywood. Obwohl man ihr einen neuen Vertrag mit einer Jahresgage von 330.000 US-Dollar anbot, verließ sie 1943 das Filmstudio „RKO". Sie war bis zum Ende der 1940-er Jahre eine erfolgreiche Schauspielerin mit entsprechend hohen Gagen.

1944 sah man Ginger Rogers in der Verfilmung des Musicals „Lady in the Dark" („Die Träume einer Frau") von Kurt Weill (1900–1950). 1945 wirkte sie in „Weekend At The Waldorf", einem Remake von „Grand Hotel", mit, in dem sie die Rolle der schwedischen

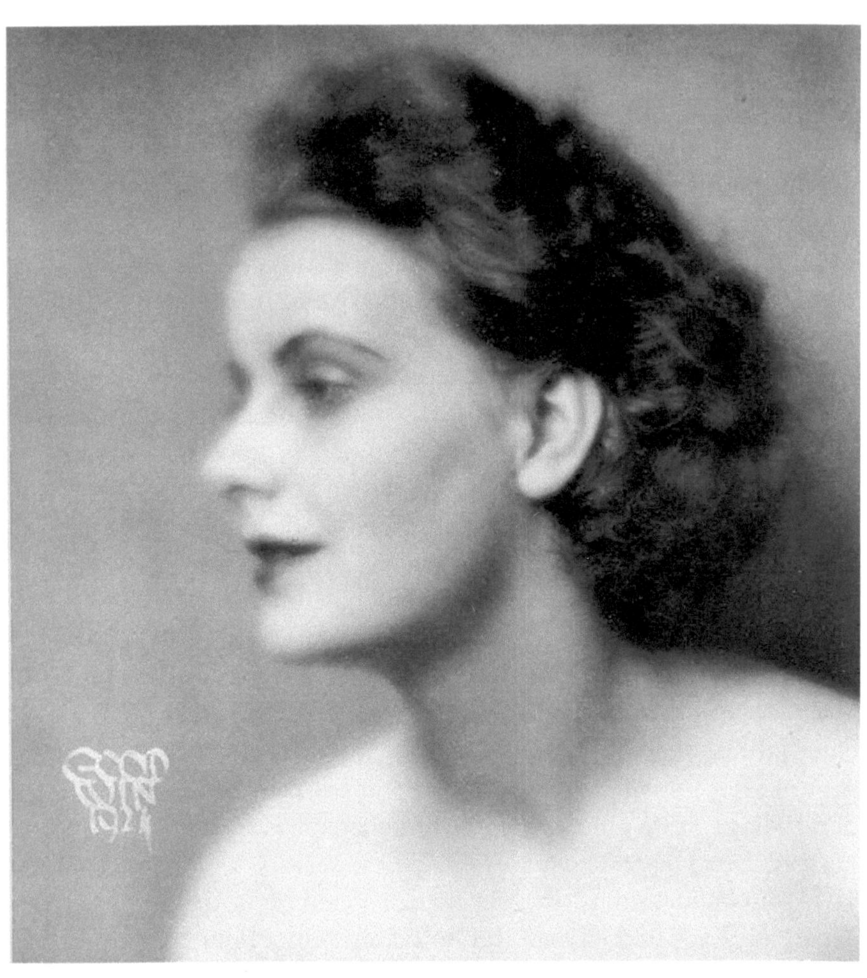

Greta Garbo (1905–1990)

Filmschauspielerin Greta Garbo (1905–1990) verkörperte.

Unter den Fotos von Prominenten, die eine Wand im Versteck des jüdisch-deutschen Mädchens Anne Frank (1929–1945) in einem Hinterhaus von Amsterdam zierten, befand sich auch ein Bild von Ginger Rogers. Die in Frankfurt am Main geborene Anne Frank war 1934 mit ihren Eltern in die Niederlande ausgewandert, um der Verfolgung durch die Nationalsozialisten zu entgehen. Sie versteckte sich ab 1942 mehr als zwei Jahre lang mit ihrer Familie in einem Hinterhaus und schrieb ihre Erlebnisse und Gedanken in einem Tagebuch nieder. Das Versteck wurde im August 1944 verraten und die Versteckten kamen ins Lager. Kurz vor Ende des Zweiten Weltkrieges starb Anna Frank im März 1945 im Konzentrationslager („KZ") Bergen-Belsen in Deutschland.

Immer wieder mal lehnte Ginger Rogers eine ihr angebotene Filmrolle ab, weil ihr das jeweilige Drehbuch nicht gefiel. Durch ihre Absage kam beispielsweise Olivia de Havilland (geboren 1916) in „Mutterherz" (1946) und „The Snake Pit" (1948) zum Zuge. Donna Reed (1921–1986) wiederum erhielt eine Hauptrolle in „It's a wonderful Life" (1946), weil Ginger abgewinkt hatte.

Andererseits sprang aber auch Ginger Rogers gelegentlich für Kolleginnen ein. So übernahm sie 1949 die Rolle der erkrankten Judy Garland (1922–1969) in „The

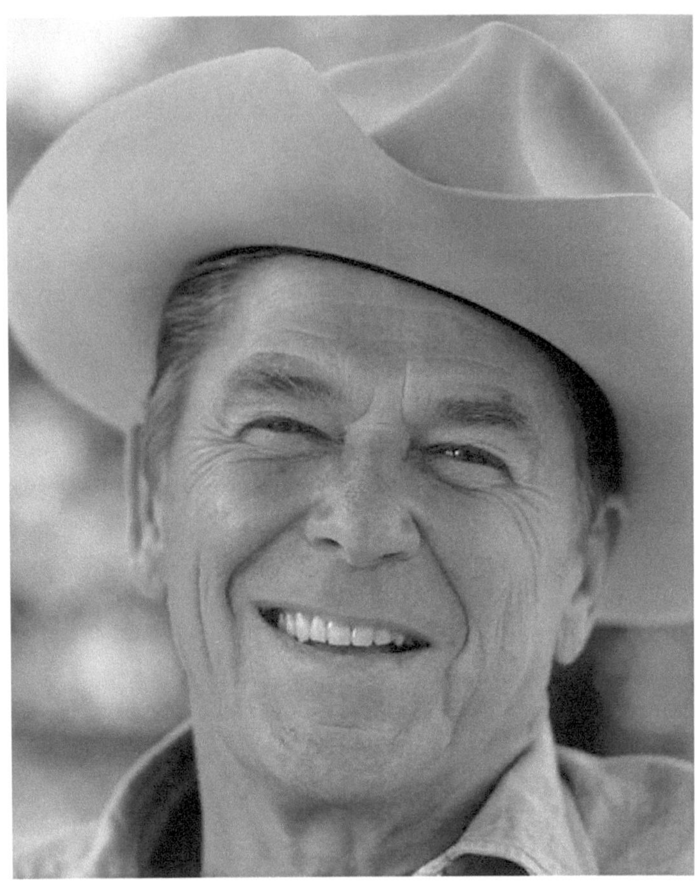

Ronald Reagan (1911–2004)

Barkleys of Broadway" („Tänzer vom Broadway"). Dabei trat sie zum letzten Mal zusammen mit Fred Astaire auf und kassierte 12.500 US-Dollar pro Woche. In den 1950-er Jahren sah man sie in den Streifen „Perfect Strangers" („Mordsache – Liebe", 1950), „Storm Warning" („Der Gefangene des Ku-Klux-Klan", 1951), „We're Not Married!" („Wir sind gar nicht verheiratet", 1952), „Monkey Business" („Liebling, ich werde jünger", 1952), „Beautiful Stranger" („Geld macht nicht glücklich", 1954) und „Teenage Rebel" (1956). In „Storm Warning" spielte die Rogers neben dem späteren US-Präsidenten Ronald Reagan (1911–2004) die Hauptrolle.

Nach „Oh, Men! Oh, Women!" (1957) drehte Ginger Rogers sieben Jahre lang keinen Kinofilm mehr. In den 1960-er Jahren konzentrierte sie sich zunehmend auf das Theater. 1964 wirkte sie in dem Kinofilm „Confession" („Heirate mich, Gauner!") mit. 1965 trat sie in „Harlow" auf, in dem das Leben der früh verstorbenen Schauspielerin Jean Harlow (1911–1937) geschildert wurde. In „Harlow" ersetzte sie die zunächst vorgesehene Judy Garland und verkörperte die Mutter der Harlow. Abgelehnt hat die Rogers dagegen, anstelle der Garland in „Valley in the Dolls" (1967) mitzumachen Von 1965 bis 1967 umjubelte man Ginger Rogers in dem Musical „Hello Dolly" am Broadway in New York City. Mit diesem Musical „war sie 1969 in London erfolgreich. 1976 startete sie in New York City eine

Bühnen-Musical-show mit Reminiszenzen aus ihren berühmten Filmen mit Fred Astaire.

Auch in den 1980-er Jahren wirkte Ginger Rogers in Fernsehserien mit. 1984 sah man sie in der Serie „Love Boat" und 1987 in der Serie „Hotel". Mitte der 1980-er Jahre zog sie sich vollkommen vom Showbusiness zurück. Zeitweise hatte sie als Modeberaterin und Herausgeberin einer Nightclub-Zeitschrift gearbeitet.

1986 verklagte Ginger Rogers den italienischen Regisseur Federico Fellini (1920–1993). Sie warf ihm vor, er habe mit seiner Filmsatire „Ginger und Fred" ihr Ansehen geschädigt. In diesem Streifen wurde Ginger Rogers von Giulietta Masina (1920–1994) dargestellt und Fred Astaire von Marcello Mastroianni (1924–1996). Fellini erklärte hierzu: „Ginger Rogers ist ein Mythos, ein Symbol, und Mythen und Symbole sind unverwundbar ..." Im August 1988 wies ein New Yorker Gericht die Klage von Ginger Rogers ab.

Ginger Rogers heiratete fünfmal und wurde ebenso oft geschieden. Am 29. März 1929 schloss sie ihre erste Ehe mit dem Tänzer und Sänger sowie späteren Nachtclub-Besitzer Jack Culpepper (1902–1979), eigentlich Edward Jackson Culpepper. Mit ihm hatte sie als „Ginger und Pepper" auf der Bühne gestanden. Bereits kurz nach der Hochzeit gingen beide getrennte Wege. Am 11. Juli 1931 kam es zur Scheidung.

Ehemann Nummer 2 wurde Mitte November 1934 der amerikanische Filmschauspieler Lew Ayres (1908–

1996). Am 13. März 1941 erfolgte die Scheidung der zweiten Ehe.

Zum Ehemann Nummer 3 erkor Ginger Rogers den Marineoffizier Jack Briggs, den sie am 13. Januar 1943 heiratete. Anfang September 1949 setzte die Scheidung den Schlusspunkt dieser Verbindung.

Als Ehemann Nummer 4 folgte am 7. Februar 1953 der französische Anwalt sowie spätere Film- und Fernsehstar Jacques Bergerac. Von ihm ließ sich Ginger Rogers Anfang Juli 1957 scheiden.

Die Ehre, Ehemann Nummer 5 bzw. letzter Gatte von Ginger Rogers gewesen zu sein, gebührt dem Produzenten, Regisseur, Bandleader und Schauspieler William Marshall (1917–1994). Mit ihm wagte Ginger am 16. März 1961 erneut eine Ehe. 1969 gab es wieder eine Scheidung.

Als man Ginger Rogers fragte, ob sie nach den vielen Trennungen noch einmal vor den Traualtar treten würde, antwortete sie: „Natürlich. Das ist meine Natur. Die einzige zivilisierte Lebensart ist die Ehe – der Rest ist Chaos. Der Ärger ist, dass man in meinem Beruf einen sehr sicheren Mann haben muss, oder die Beziehung ist zum Scheitern verurteilt. Das war mein Problem."

Ginger Rogers war auch in der Modewelt erfolgreich. Sie besaß eine Dessous-Fabrik namens „Form Fit Rogers" in Rock Island (Tennessee). Von 1972 bis 1975 betätigte sie sich als Modeberaterin für „J. C. Penny". In

„Babies in Arms" führte sie mit 74 Jahren erstmals Regie in einem Musical. Sie schuf auch viele Gemälde, Skulpturen und Zeichnungen, konnte sich aber nie dazu durchringen, eines ihrer Kunstwerke zu verkaufen.

Anderthalb Jahrzehnte vor ihrem Tod erwarb Ginger Rogers eine Ranch in der Gegend von Medford (Oregon), weil ihr das dortige Klima behagte. Dort führte sie ein zurückgezogenes Leben. Sie habe genug von dem „schrecklichen Konfetti-Leben", erklärte sie. Ganz still sitzen mochte sie aber auch jetzt nicht. Schließlich war sie immer ein sportlicher Typ gewesen. Beim Tennis hatte sie es fast bis zum Champion geschafft. Außerdem war sie eine gute Schützin und passionierte Anglerin. Tennis und Golf spielte sie, so lange sie dies konnte. Alkohol trank sie nicht.

In Politik und Gesellschaft hatte Ginger Rogers eine konservative Gesinnung. Sie war eine rechtsradikale Republikanerin, ein stolzes Mitglied der „Daughters of the American Revolution" („Töchter der Amerikanischen Revolution"), gehörte den „Christian Scientist" an und befürwortete die „Hollywood-Blacklist" („Schwarze Liste").

Die „Daughters of the American Revolution" („DAR") ist eine patriotische Frauenvereinigung in den USA. Sie will das Erbe der Amerikanischen Revolution von 1776 wach halten, die Erinnerung an die Vergangenheit pflegen sowie Bildung und Patriotismus fördern. Zu diesem

Zweck vergibt sie auch Stipendien und Auszeichnungen. Ihr Motto der „DAR" ist „God, Home, and Country." (Gott, Heimat und Vaterland.). Auf der „Hollywood-Blacklist" landeten während der von antikommunistischen Bedrohungsängsten geprägten McCarthy-Ära in den USA zahlreiche nicht mehr zu beschäftigende Personen.

Nach zwei Schlaganfällen war Ginger Rogers an den Rollstuhl gefesselt. Sie bekam starkes Übergewicht und ihre Stimme wurde schwächer. Ihren letzten öffentlichen Auftritt hatte sie am 18. März 1995. An diesem Tag erhielt sie vom „Women's international Center" („WIC") den „Living Legacy Award".

Am 25. April 1995 starb Ginger Rogers im Alter von 83 Jahren in Rancho Mirage bei Los Angeles (Kalifornien) an Herzversagen. Ihre letzte Ruhe fand sie im „Oakwood Memorial Park" in Chatsworth (Kalifornien), wo man sie an der Seite ihrer Mutter beigesetzt hat. Nur wenige Meter von ihrem Grab entfernt befindet sich dasjenige von Fred Astaire.

In Hollywood erinnen Hand- und Fußabdrücke vor dem Premierenkino „Grauman's Chinese Theatre" an Ginger Rogers. Das „Craterian Ginger Rogers Theatre" in Medford (Oregon), das sie zu Lebzeiten finanziell unterstützt hatte, trägt ihren Namen. In Rancho Mirage (Kalifornien) existiert die „Ginger Rogers Road". Erwähnt wird Ginger auch in dem Song „Vogue" (1990) von Madonna.

Zum 100. Geburtstag am 16. Juli 2011 erschienen zahlreiche Gedenkartikel über Ginger Rogers in Zeitungen, Zeitschriften und im Internet. In einem dieser Artkel hieß, was Fred Astaire konnte, konnte Ginger Rogers rückwärts und in Stöckelschuhen.

Filme von Ginger Rogers

(Auswahl)

1929: A Day of a Man of Affairs
1930: A Night in a Dormitory
1930: Campus Sweethearts
1930: Young Man of Manhattan
1930: The Sap from Syracuse
1930: Queen High
1930: Office Blues
1930: Follow the Leader
1931: Honor Among Lovers
1931: The Tip-Off
1931: Suicide Fleet
1932: Carnival Boat
1932: The Tenderfoot
1932: The Thirteenth Guest
1932: Hollywood on Parade No. A-1
1932: Hat Check Girl
1932: You Said a Mouthful
1933: Broadway Bad
1933: Die 42. Straße (42nd Street)
1933: Goldgräber von 1933 (Gold Diggers of 1933)

1933: Professional Sweetheart
1933: Don't Bet on Love
1933: As Shriek in the Night
1933: Rafter Romance
1933: Chance at Heaven
1933: Sitting Pretty
1933: Flying Down to Rio
1933: Twenty Million Sweethearts
1933: Upperworld
1934. Finishing School
1934: Chance of Hearts
1934: Tanz mit mir! (The Gay Divorcee)
1935: Novak liebt Amerika (Romance in Manhattan)
1935: Roberta
1935. Star of Midnight
1935: Ich tanz mich in dein Herz hinein (Top Hat)
1935: In Person
1936: Marine gegen Liebeskummer (Follow the Fleet)
1936: Swing Time
1937: Tanz mit mir (Shall We Dance)
1937: Bühneneingang (Stage Door)
1938: Vivacious Lady
1938: Having Wonderful Time
1938: Sorgenfrei durch Dr. Flagg – Carefree
(Carefree)
1939: The Story of Vernon and Irene Castle

1939: Die Findelmutter (Bachelor Mother)
1939: 5th Ave Girl
1940: Primrose Path
1940: Glückspilze (Lucky Partners)
1940: Fräulein Kitty (Kitty Foyle)
1941: Tom, Dick und Harry
1942: Roxie Hart
1942: Sechs Schicksale (Tales of Manhattan)
1942: Der Major und das Mädchen (The Major and the Minor)
1942: Once Upon a Honeymoon
1943: Tender Comrade
1944: Die Träume einer Frau
1944: Ich werde dich wiedersehen (I'll Be Seeing You)
1945: Week-End at the Waldorf
1946: Heartbeat
1946: Die wunderbare Puppe (Magnificent Doll)
1947: It Had to Be You
1949: Die Tänzer vom Broadway (The Barkleys of Broadway)
1950: Mordsache – Liebe (Perfect Strangers)
1951: Storm Warning
1951: The Groom Wore Sours
1952: Wir sind gar nicht verheiratet (We're Not Married!)
1952: Dreamboat

1952: Liebling, ich werde jünger (Monkey Business)
1953. Forever Female
1954: Geld macht nicht glücklich (Beautiful Stranger)
1954: Black Widow
1955: Tight Spot
1956: The First Traveling Saleslady
1956. Teenage Rebel
1957. Oh, Men! Oh, Women!
1964: Heirate mich, Gauner! (The Confession)
1965: Harlow

Quelle: Wikipedia und Internet Movie Database

Auftritte im Fernsehen

(Auswahl)

1954: Producers' Showcase (TV-Serie)
1958: The Arthur Murray Party (TV-Serie)
1959: The Milton Berle Show (TV-Serie)
1959: Musical Playhouse (TV-Serie)
1959: The DuPont Show with June Allyson (TV-Serie)
1960: Zane Grey Theater (TV-Serie)
1960: The Steve Allen Show (TV-Serie)
1963: Vacation Playhouse (TV-Serie)
1963 –1964: The Red Skelton Show (TV-Serie)
1965: Cinderella (TV-Film)
1965: Bob Hope Presents the Chrysler Theatre (TV-Serie)
1979: Entrons dans l'année - Gala de l'Unicef (TV-Film)
1979: The Love Boat (TV-Serie)
1980: Moulin Rouge Gala de l'Unicef (TV-Film)
1980: Palmares 80: Hommage à Mireille Mathieu (TV-Film)
1984: Glitter (TV-Serie)

1987: Hotel (TV-Serie)
1991: Burt Reynolds' Conversation With (TV-Serie)

Quelle: Internet Movie Database

Literatur

DER SPIEGEL: Register. Gestorben. Ginger Rogers, S. 264, 1. Mai 1995, Hamburg

FEMBIO Frauen-Biographie-Forschung

http://www.fembio.org

HEINZLMEIER, Adolf / SCHULZ, Bernd / WITTE, Karsten: Die Unsterblichen des Kinos, Band 2, Glanz und Mythos der Stars der 40er und 50er Jahre, Frankfurt am Main 1980

INTERNET MOVIE DATABASE

(Film-Datenbank)

http://www.imdb.com

PROBST, Ernst: Superfrauen 7 – Film und Theater, Mainz-Kostheim 2001

PROBST, Ernst: Königinnen des Films, München 2012

PUBLIKUMSLIEBLINGE NICHT NUR VON GESTERN http://www.steffi-line.de

Internetseite von Stephanie D'heil, Düsseldorf

WIKIPEDIA (Online-Lexikon)

http://wikipedia.org

WINNERT, Derek (Herausgeber): Ginger Rogers. Aus: Kino. Die große Welt der Filme und Stars, S. 150/151, Niedernhausen 1995

Bildquellen

Klaus Benz, Fotograf, Mainz-Laubenheim: 34

Henri B. Goodwin (auch Henry Buergel Goodwin oder
Heinrich Karl Hugo Bürgel, 1878–1931, schwedischer
Fotograf (Fotos von 1924): 1,6

Flickr http://www.flickr.com:
State Library of New South Wales (Foto von 1955 bei
der Ankunft von Katharine Hepburn auf dem Kings-
ford Smith Airport, Sydney): 12

National Archives of the United States /
NAIL Control Number: NLS-WHPO-A-E13(3): 18

Phorpus (Foto vom 3. September 2007): 1
(via Wikimedia Commons).
Lizenz: Dieses Werk wurde durch den Autor Phorpus
auf Wikipedia in die Gemeinfreiheit übergeben.
Dies gilt weltweit.
Reproduktion einer Werbung für Seife
von Ginger Rogers in der argentinischen Zeitschrift
„CINEGRAF magazine" vom September 1935: 6

Lizenz: Dieses Bild ist gemeinfrei, weil das Urheberrecht dieser in Argentinien registrierten Fotografie abgelaufen ist. Die Fotografie wurde von mehr als 25 Jahren angefertigt und vor mehr als 20 Jahren veröffentlicht.

Wedineinheck: 10 (via Wikimedia Commons)
Lizenz: Dieses Bild wurde durch den Autor Wedineinheck auf Wikipedia in die Gemeinfreiheit übergeben. Dies gilt weltweit.

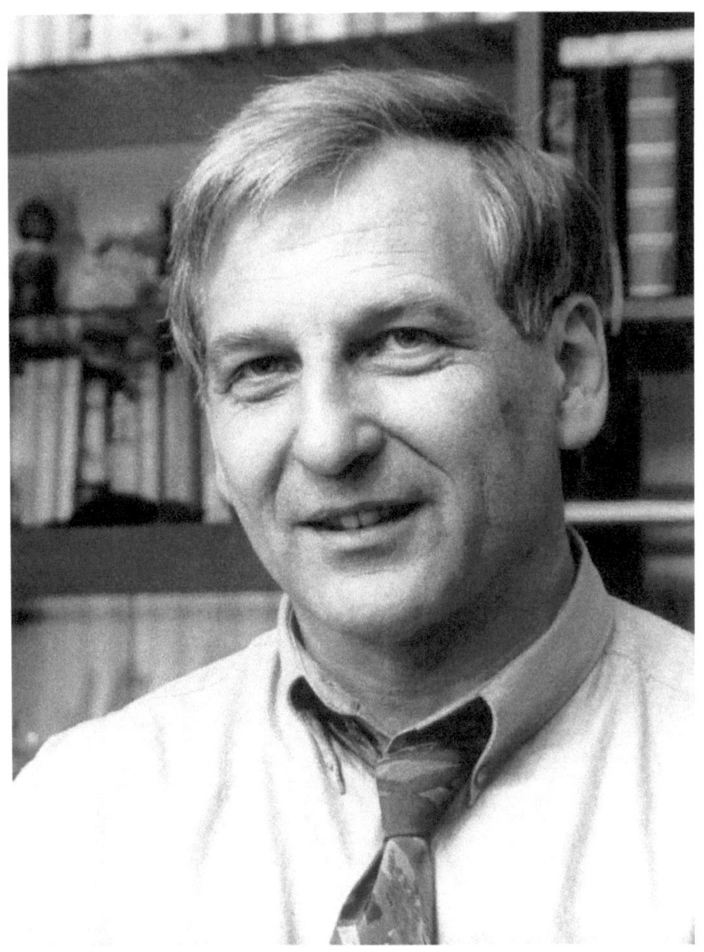

Autor Ernst Probst

Der Autor Ernst Probst

Ernst Probst, geboren am 20. Januar 1946 in Neunburg vorm Wald im bayerischen Regierungsbezirk Oberpfalz, ist Journalist und Wissenschaftsautor. Er arbeitete von 1968 bis 1971 als Redakteur bei den „Nürnberger Nachrichten", von 1971 bis 1973 in der Zentralredaktion des „Ring Nordbayerischer Tageszeitungen" in Bayreuth und von 1973 bis 2001 bei der „Allgemeinen Zeitung", Mainz. In seiner Freizeit schrieb er Artikel für die „Frankfurter Allgemeine Zeitung", „Süddeutsche Zeitung", „Die Welt", „Frankfurter Rundschau", „Neue Zürcher Zeitung", „Tages-Anzeiger", Zürich, „Salzburger Nachrichten", „Die Zeit", „Rheinischer Merkur", „Deutsches Allgemeines Sonntagsblatt", „bild der wissenschaft", „kosmos", „Deutsche Presse-Agentur" (dpa), „Associated Press" (AP) und den „Deutschen Forschungsdienst" (df). Aus seiner Feder stammen die Bücher „Deutschland in der Urzeit" (1986), „Deutschland in der Steinzeit" (1991) und „Deutschland in der Bronzezeit" (1996). Von 2001 bis 2006 betätigte sich Ernst Probst als Buchverleger sowie zeitweise als internationaler Fossilienhändler und Antiquitätenhändler. Insgesamt veröffentlichte er rund 200 Bücher, Taschenbücher, Broschüren und E-Books.

Bücher von Ernst Probst

(Auswahl)

Als Mainz noch nicht am Rhein lag

Annie Oakley
Die Meisterschützin des Wilden Westens

Archaeopteryx. Der Urvogel
aus Bayern

Christl-Marie Schultes. Die erste Fliegerin in Bayern
(zusammen mit Theo Lederer)

Cortés und Malinche. Der spanische Eroberer
und seine indianische Geliebte

Der Europäische Jaguar

Der Mosbacher Löwe
Die riesige Raubkatze aus Wiesbaden

Der Rhein-Elefant
Das Schreckenstier von Eppelsheim

Der Sögel-Wohlde-Kreis

Die nordische Bronzezeit in Deutschland

Die Hügelgräber-Kultur in Deutschland

Die ältere Bronzezeit in Nordrhein-Westfalen

Die Bronzezeit in der Lüneburger Heide

Die Stader Gruppe

Die Oldenburg-emsländische Gruppe

Die Urnenfelder-Kultur in Deutschland

Die ältere Niederrheinische Grabhügel-Kultur

Die Unstrut-Gruppe

Die Helmsdorfer Gruppe

Die Saalemündungs-Gruppe

Die Lausitzer Kultur in Deutschland

Rund 70 Kurzbiografien berühmter Fliegerinnen,
Ballonfahrerinnen, Luftschifferinnen,
Fallschirmspringerinnen, Astronautinnen und
Kosmonautinnen

Königinnen des Films

Königinnen des Tanzes

Königinnen des Theaters

Malende Superfrauen

Meine Worte sind wie die Sterne

Die Entstehung der Rede des Häuptlings Seattle
(zusammen mit Sonja Probst)

Monstern auf der Spur
Wie die Sagen über Drachen, Riesen
und Einhörner entstanden

Neues vom Ur-Rhein
Interview mit dem Geologen und Paläontologen
Dr. Jens Sommer

Österreich in der Frühbronzezeit

Österreich in der Mittelbronzezeit

Österreich in der Spätbronzezeit

Pompadour und Dubarry. Die Mätressen
von Louis XV.

Raub-Dinosaurier von A bis Z.
Mit Zeichnungen von Dmitry Bogdanav
und Nobu Tamura

Rekorde der Urmenschen
Erfindungen, Kunst und Religion

Rekorde der Urzeit
Landschaften, Pflanzen und Tiere

Säbelzahnkatzen. Von Machairodus
bis zu Smilodon

Säbelzahntiger am Ur-Rhein. Machairodus
und Paramachairodus

Superfrauen aus dem Wilden Westen

Superfrauen 1 – Geschichte

Superfrauen 2 – Religion

Superfrauen 3 – Politik

Superfrauen 4 – Wirtschaft und Verkehr

Superfrauen 5 – Wissenschaft

Superfrauen 6 – Medizin

Superfrauen 7 – Film und Theater

Superfrauen 8 – Literatur

Superfrauen 9 – Malerei und Fotografie

Superfrauen 10 – Musik und Tanz

Superfrauen 11 – Feminismus und Familie

Superfrauen 12 – Sport

Superfrauen 13 – Mode und Kosmetik

Superfrauen 14 – Medien und Astrologie

Tony und Bruno Werntgen. Zwei Leben für die Luftfahrt
(zusammen mit Paul Wirtz)

Was ist ein Menhir?
Interview mit dem Mainzer Archäologen
Dr. Detert Zylmann

Weisheiten der Indianer

Wer ist der kleinste Dinosaurier?
Interviews mit dem Wissenschaftsautor Ernst Probst

Wer war der Stammvater der Insekten?
Interview mit dem Stuttgarter Biologen
und Paläontologen Dr. Günther Bechly

Zenobia von Palmyra.
Eine Frau kämpft gegen die Römer

Bestellungen bei: http://www.grin.com